Kleine Lebensweisheiten von

Matthias Claudius

BRUNNEN

Sage nicht alles, was du weißt,

aber wisse immer, was du sagst.

Alle Wege, die zu etwas Ernsthaftem führen,
sind nicht gebahnt und lustig.

Wolle nur einerlei, und das wolle von Herzen.

Beurteile einen Menschen lieber nach seinen Handlungen als nach seinen Worten; denn viele handeln schlecht und sprechen vortrefflich.

Etwas Festes muss der Mensch haben,
daran er zu Anker liege,
etwas, das nicht von ihm abhänge,
sondern davon er abhängt.

Gott gebe mir nur jeden Tag
soviel ich darf zum Leben.
Er gibt's dem Sperling auf dem Dach:
wie sollt er's mir nicht geben!

Greif nicht leicht in ein Wespennest;
doch wenn du greifst, so stehe fest!

Man kann nicht bergauf kommen,
ohne bergan zu gehen.
Und obwohl Steigen beschwerlich ist,
so kommt man doch dem Gipfel immer näher,
und mit jedem Schritt wird die Aussicht
umher *freier* und schöner.

Mache nicht schnell jemand zu deinem Freund,
ist er's aber einmal, so muss er's
mit allen seinen Fehlern *sein.*

Tu das Gute vor dich hin
und bekümmere dich nicht,
was daraus werden wird.
Die Wahrheit richtet sich nicht nach uns,
sondern wir müssen uns
nach der Wahrheit richten.

Mische dich nicht in fremde Dinge,
aber die deinigen tue mit Fleiß.

Wir sind nicht umsonst in diese Welt gesetzt.
Wir sollen hier reif werden für eine andere Welt.

Sorge für deinen Leib,
doch nicht so, als wenn er deine *Seele* wäre.

Auch bedarf der Mensch, der gewöhnlich sein Leben in Zerstreuung und Leichtsinn vor sich hin lebt und immer voraneilt, ohne zu wissen, was ihn eigentlich treibt und was er eigentlich will, in seinem Laufe von Zeit zu Zeit **angehalten** und zu sich selbst zurückgeführt zu werden; er bedarf eines Steins am Wege, auf den er sich hinsetze und in sein vergangenes Leben **zurücksehe**.

Ein Mensch, der wahre Gottesfurcht hat,
ist wie die Sonne, die da scheint und wärmt,
wenn sie auch nicht redet.

www.brunnen-verlag.de

Redaktion: Agnes Pfaffenrot

Lektorat: Eva-Maria Busch

Gestaltung: Sämmy Brodkorb, spoon design

Fotos: www.shutterstock.de

Druck: Proost, Belgien

ISBN 978-3-7655-6480-2